EXTRAIT DE L'ENCYCLOPÉDIE D'ARCHITECTURE
REVUE MENSUELLE DES TRAVAUX PUBLICS ET PARTICULIERS
(SEPTEMBRE 1879)

JOSEPH LOUIS DUC

ARCHITECTE

(1802-1879)

NOTICE LUE DANS LA SÉANCE D'OUVERTURE DU CONGRÈS DES ARCHITECTES
A L'ÉCOLE DES BEAUX-ARTS, LE 16 JUIN 1879

PAR

M. PAUL SÉDILLE

ARCHITECTE

PARIS
Vᵉ A. MOREL & Cⁱᵉ, LIBRAIRES-ÉDITEURS
13, RUE BONAPARTE, 13
1879

JOSEPH LOUIS DUC

ARCHITECTE

PARIS. — IMPRIMERIE ÉMILE MARTINET, RUE MIGNON, 2.

EXTRAIT DE L'*ENCYCLOPÉDIE D'ARCHITECTURE*
REVUE MENSUELLE DES TRAVAUX PUBLICS ET PARTICULIERS
(SEPTEMBRE 1879)

JOSEPH LOUIS DUC

ARCHITECTE

(1802-1879)

NOTICE LUE DANS LA SÉANCE D'OUVERTURE DU CONGRÈS DES ARCHITECTES
A L'ÉCOLE DES BEAUX-ARTS, LE 16 JUIN 1879

PAR

M. PAUL SÉDILLE
ARCHITECTE

PARIS
Vᵉ A. MOREL & Cⁱᵉ, LIBRAIRES-ÉDITEURS
13, RUE BONAPARTE, 13

1879

Portrait de Joseph-Louis Duc, architecte.
(Fac-simile d'un dessin de M. H. Chapu.)

JOSEPH LOUIS DUC

ARCHITECTE

C'est avec une respectueuse appréhension que j'aborde la lourde tâche dont vous avez bien voulu m'honorer. Je viens vous entretenir de M. Duc, l'architecte illustre que la mort nous a pris cette année (22 janvier 1879).

Comment vous parler de ce grand maître, comment m'élever à la hauteur de son œuvre! On peut en goûter les beautés, l'incomparable grandeur comme les exquises délicatesses; mais, pour les définir et surtout pour les expliquer, il faudrait en quelque sorte surprendre la pensée intime du maître et se l'assimiler. D'autre part, l'éloge même ne saurait être, dans ma bouche, qu'un écho affaibli de votre admiration.

Je m'efforcerai cependant, Messieurs, d'être aujourd'hui votre interprète. Vous avez décidé qu'en séance du congrès des Architectes français réunis à Paris, cette année, une notice vous serait présentée sur la vie et les œuvres de M. Duc. Nous rendrons ainsi un suprême hommage au grand artiste qui restera une des gloires de notre art contemporain, et conserverons comme un enseignement précieux le souvenir d'une longue existence toute consacrée à l'art que nous professons et que nous aimons.

Joseph Louis Duc naquit à Paris le 15 octobre 1802. Son père continuait la tradition de ces artisans de la Renaissance qui rehaussaient les travaux de leur profession par de véritables qualités d'art. Il était fourbisseur d'épées, c'est-à-dire fabricant de lames, et avait ses magasins rue Saint-Honoré, dans cette partie qui aujourd'hui, près de la place du Palais-Royal, fait face au Théâtre-Français. Mais si les épées n'étaient plus alors, comme aux époques précédentes, aussi riches de nielles et de damasquinures, les poignées décorées, les gardes et les coquilles ciselées restaient toujours en faveur. Très épris de sa profession et très admirateur de ces belles armes du passé, aujourd'hui précieusement recueillies dans nos collections, le père de Louis Duc mit, dès l'enfance, entre les mains de son fils de beaux modèles qu'il lui enseignait à copier ou à imiter. Le goût naturel de l'enfant pour les belles choses, ainsi encouragé et affiné de bonne heure, devait lui rendre faciles les études qu'il allait entreprendre. Disons aussi, car il nous semble que la recherche des origines et des commencements est souvent l'explication du caractère dominant chez l'artiste, disons qu'il fut élevé par une mère d'une rare valeur. D'un esprit ferme et précis, d'allure correcte et digne, elle sut communiquer à son fils cette fermeté courtoise qui devait être plus tard la caractéristique de l'homme, comme elle devait imprimer aux travaux de l'artiste la marque d'un sentiment très personnel, peu disposé à céder aux influences administratives ou à faire des concessions au goût du public.

Ainsi façonné moralement, préparé par les leçons de dessin prises dans l'atelier de son père, qui lui avait donné par l'exemple l'habitude et l'amour du travail assidu, Louis Duc entra à l'École des beaux-arts sous les auspices de Châtillon, son premier professeur d'architecture.

Ses progrès furent bientôt sensibles. Il se montrait rapidement digne de monter en loge et remportait, en 1825, le grand prix de Rome sur un projet d'hôtel de ville pour Paris. Il n'avait que vingt-trois ans.

Si excellents qu'aient pu être les conseils donnés par Châtillon à son jeune élève, il est peu probable que les traditions un peu étroites sur lesquelles s'appuyait alors l'enseignement classique de l'École, aient suffi pour faire germer dans l'esprit de Duc ce besoin de rajeunir les formes architecturales alors consacrées, en recherchant à nouveau, aux sources toujours vives de l'antiquité, leur principe et leur raison d'être. Mais Louis Duc eut la bonne fortune, étant encore élève de l'École des beaux-arts, de travailler sous la direction de deux professeurs illustres, Huyot et Percier. Huyot, le digne fondateur de notre Société, lui fit comprendre la puissance des ensembles simples et grands ; chez Percier il s'éprit des délicatesses de la forme que, dans toutes ses œuvres, il devait, en amant fidèle, sans cesse entourer de respect et de soins. Il dut aussi chez Percier, dont les ouvrages nouveaux mettaient alors en honneur les chefs-d'œuvre de l'architecture italienne, étudier et sentir par avance les beautés de ce pays rêvé où allaient s'écouler ses belles années de jeunesse.

A Rome, ses études furent particulièrement dirigées vers les œuvres les plus saines et les plus caractéristiques de l'art romain. Le théâtre de Marcellus, à Rome, celui de Taormine, en Sicile, et surtout le Colisée furent successivement l'objet de relevés et de restaurations très remarqués, non seulement en raison de l'habileté du rendu, mais aussi et surtout à cause de la fidélité des aspects et de l'intelligence savante avec laquelle ces monuments avaient été restitués. En effet, si les formes grandioses de ces édifices avaient tout d'abord attiré l'attention du nouveau pensionnaire de la villa Médicis, son esprit investigateur et précis l'avait porté bien vite à rechercher la logique de ces formes et à mettre en relief la structure rationnelle de ces monuments qui sont l'expression la plus complète du génie romain. C'est donc aux éternels principes de raison et de vérité qu'il demandait la puissance de son art; c'est en les recherchant avec une volonté soutenue qu'il fortifiait ses convictions.

Mais si l'architecte s'affirmait ainsi résolument par de savantes et sévères études, l'artiste se laissait facilement émouvoir par les caprices de l'imagination, par les grâces du sentiment. Sensible à toutes les expressions de l'art, amoureux des formes délicatement recherchées, comme ravi par les hardiesses et les libertés du décor, il fut profondément touché par cet art particulier, plein de surprises et d'imprévu, que les fouilles de Pompeï renouvelées mettaient chaque jour à découvert.

Ces curieuses ruines lui révélaient l'art antique dans toute la souplesse de son invention. Il le trouvait là naïf, sans prétention ni contrainte, et, de plus, gardant un parfum bien vite enivrant de la Grèce, sa patrie d'origine. Louis Duc devina dès ce moment les beautés de cette terre sainte qu'il ne devait jamais visiter et que cependant il semble avoir si bien connue.

D'ailleurs, ses études en Sicile et dans la Grande Grèce le portaient vers tous les monuments, vers toutes les ruines qui gardaient l'empreinte hellénique. Il sentait que là était la vérité, et que des œuvres marquées du génie grec il fallait dégager la tradition antique dans sa pureté. Il sentait que l'art romain, jusqu'alors trop respectueusement copié dans ses formes, n'était lui-même, le plus souvent, qu'une imitation sans conviction ni logique d'un art supérieur. Et c'est pourquoi il avait particulièrement étudié l'art romain dans ce qui lui appartient en propre, dans ses créations les plus sincères, les plus personnelles, c'est-à-dire dans ses théâtres et dans ses cirques.

Deux camarades d'école, Duban et Vaudoyer, partageaient ses enthousiasmes. Rapidement et fortement unis par une même manière de sentir, comme par des aspirations semblables, ils mettaient en commun leurs efforts et leurs travaux.

M. Duc aimait à se reporter vers ces moments heureux où, sous les lauriers de la villa Médicis, chaque réflexion nouvelle que l'un des trois amis exprimait sur son art devenait le sujet d'une conversation qui faisait passer alternativement la pensée de l'un à l'autre. Tout alors concourait à une confraternité d'opinions. En présence de ces chefs-d'œuvre, témoins pacificateurs de leurs luttes passagères, toute divergence d'opinion cessait bientôt pour se confondre dans une persuasion commune qui faisait l'étonnement de leurs camarades peintres et sculpteurs.

Cette intimité féconde, qui ne devait jamais se démentir, emplissait les cartons des trois jeunes gens d'une abondante moisson de relevés, de notes et de croquis, précieux documents qui devaient être pour eux dans l'avenir un stimulant inépuisable d'inspirations. C'est dans ces croquis, faits au jour le jour, tracés d'une pointe précise et délicate, surtout sincèrement respectueuse du modèle, qu'il faut rechercher les prédilections naissantes, mais déjà résolues, du maître.

Ces dessins gardent la trace de cette émotion intime qui prend l'artiste convaincu en présence d'un chef-d'œuvre qui le transporte et auquel il tente d'arracher le secret de sa beauté. Aussi combien sont-ils éloquents !

La merveilleuse collection des travaux du maître à cette époque, relevés, restitutions, compositions ou simples croquis, serait en vérité l'honneur d'un musée, d'une bibliothèque; elle offrirait à la jeunesse de notre École et de nos ateliers un inoubliable enseignement.

C'est que, laborieux et infatigable, l'architecte pensionnaire multiplia ses travaux et ses envois :

En 1827, il envoyait six dessins sur le *Panthéon* et le *temple de Jupiter Stator;*

En 1828, il restituait l'*arc de Septime Sévère* et le *tombeau de Cecilia Metella;*

En 1829, il préparait ses travaux sur le *Colisée* par une étude comparative du *théâtre de Marcellus*, à Rome, et du *théâtre de Taormine*, en Sicile;

En 1830, il présentait en vingt-six dessins cette restauration du Colisée qui, à l'Exposition de 1855, fit, à trente ans d'intervalle, l'admiration d'une nouvelle génération d'architectes.

Disons encore qu'il releva ou restaura dans des dessins à grande échelle scrupuleusement rendus :

Le temple de Mars Vengeur, à Rome;
Le temple de Minerve, à Assise;
Le temple de la Sibylle, à Tivoli;
Le temple d'Hercule, à Cori;
L'arc de Trajan, à Bénévent;
L'arc de Titus, à Rome;
Le forum de Trajan, et
La colonne Trajane, à Rome;
La porte Majeure, à Rome;
La basilique de Constantin, à Rome;
L'église Santa Maria dei Fiori, à Florence.

Et encore ne saurions-nous assurer que cette longue énumération soit complète.

Ainsi désigné d'avance au choix de l'administration, Louis Duc fut, en 1834, attaché comme inspecteur aux travaux de la colonne de Juillet, dont Alavoine avait été nommé l'architecte.

Peut-être un projet de cinquième année envoyé de Rome en 1831, dans lequel le jeune architecte élevait, sur un triple soubassement de sarcophages, une colonne aux victimes de Juillet, le fit-il désigner particulièrement comme inspecteur de ces travaux.

Peut-être même dut-il à ce projet, très bien conçu, d'être nommé la même année, à la mort d'Alavoine, architecte du monument alors à peine commencé, et de pouvoir substituer au projet de colonne dorique de son prédécesseur une colonne de style corinthien-composite d'aspect tout nouveau. Toutefois, respectant le principe même de construction en bronze et fer adopté pour cette colonne, il s'appliqua surtout à en perfectionner les moyens d'exécution.

Or, la charpente en fer, qui sert d'ossature à la colonne de bronze, reste encore aujourd'hui, après quarante années consacrées à l'étude et à l'emploi du métal, une œuvre remarquable de sagacité et de logique. Quant à la forme extérieure, elle avait revêtu ce caractère de symbolisme glorieux qui est un des mérites principaux du premier chef-d'œuvre de Louis Duc. Elle apparaissait aussi, précieusement et fermement ornée, comme il convient au métal, avec un art du détail qui semblait négligé depuis longtemps. Bien qu'on puisse peut-être regretter une certaine timidité dans l'accentuation à l'extérieur du mode intérieur de construction, le succès de cette colonne fut grand, et l'architecte, lors de la cérémonie d'inauguration, le 28 juillet 1840, fut justement récompensé par la croix de chevalier de la Légion d'honneur.

C'est aussi en 1840 que M. Duc fut nommé architecte du Palais de Justice en association avec M. Dommey, architecte qui, lauréat d'un concours à Rouen, venait d'y construire les nouveaux abattoirs. Ils succédaient à Huyot, récemment décédé. De grands travaux de restauration et d'agrandissement étaient projetés pour rendre sa splendeur ancienne au vieux Palais de Justice dévasté par l'incendie ou souillé par la révolution, et satisfaire aussi à des exigences de service sans cesse croissantes.

Adoptés dès 1835, les projets d'Huyot étaient remarquables. Ils étendaient le Palais de Justice jusqu'à la place de Harlay, indiquant déjà certaines dispositions générales du Palais de Justice actuel agrandi. Cependant ces plans durent être profondément remaniés par les nouveaux architectes, comme il arrive toujours quand un certain laps de temps s'écoule entre le moment où des plans sont présentés et celui où il convient de les mettre à exécution. Les hommes et les idées changent, les besoins se multiplient ou diffèrent.

Les premiers travaux de MM. Duc et Dommey furent, en 1842, dans ce vaste ensemble de constructions de toutes les époques qu'on appelle le Palais, la transformation, en hôtel du préfet de police, de l'ancienne Cour des Comptes. Réédifiés par Gabriel en 1737, à la suite de l'incendie qui avait dévoré les charmantes constructions de Louis XII, les bâtiments de l'ancienne Cour des Comptes ont été de nouveau entièrement détruits par un autre incendie de date récente et sinistre. Il n'en reste plus aujourd'hui que le portail dorique surmonté des figures de la Prudence et de la Justice.

Dès 1845, les architectes élevaient sur la rue de la Barillerie, aujourd'hui le boulevard du Palais, une grande façade se reliant avec l'aile gauche de la cour du Mai. Les architectes n'étaient pas libres, certaines ordonnances leur étaient commandées, et cependant on sent déjà la main du maître qui transforme le style Louis XVI, qui lui sert de point de départ, pour lui donner plus de fermeté et d'ampleur.

C'est en 1847 que M. Duc devait entreprendre, au Palais de Justice, les premiers travaux qui allaient lui permettre d'affirmer sa personnalité. C'est en effet vers cette époque que fut commencé le grand bâtiment des quatre chambres de la police correctionnelle, en façade sur la rue et sur la cour de la Sainte-Chapelle. En même temps, avec une certaine audace, on reprenait en sous-œuvre la tour de l'Horloge, dont M. Duc devait plus tard (en 1852) faire revivre la charmante décoration de 1585 et les gracieuses figures de Germain Pilon.

Le bâtiment de la police correctionnelle fut terminé en 1852. Toute une génération d'artistes — et je ne doute pas que nos jeunes confrères ne fassent de même aujourd'hui, — étudiait alors avec amour et foi cette belle architecture qui, on le sait, a eu grande influence sur notre art contemporain. Quand on revoit ce beau monument, il semble créé d'hier, tant sa beauté, exempte d'artifices, est de sorte durable. C'est que cette architecture remet en honneur la logique et la vérité. L'artiste y cherche l'accentuation de la structure et des moyens employés. Nous voyons les éléments de la construction moderne y apparaître dans des plafonds à poutrelles de fer apparentes formant décoration, tandis que, au-dessous, M. Duc fait appel à toutes les ressources de la pierre appareillée pour suspendre dans le vide, avec autant de hardiesse que de bonheur d'exécution, les courbes savantes d'un escalier mouvementé. Mais si, par ce retour à des traditions de raison et de vérité, cette architecture satisfait l'intelligence, elle charme l'imagination par une ordonnance noble et fière, qui, à l'extérieur comme à l'intérieur, est la parure de cet édifice et en assure l'harmonieuse unité. Nous avons tous devant les yeux cette superbe façade qui, du côté de la rue de la Sainte-Chapelle, élève sur un soubassement, pour ainsi dire lisse, deux ordres superposés, dorique et composite. Quelle richesse d'aspect et en même temps quel tranquillité digne, dans cette succession rythmée de colonnes et d'entablements superposés, dont trois abondantes guirlandes, suspendues dans les entre-colonnements du milieu, rehaussent la beauté sereine ! Sur la cour de la Sainte-Chapelle, un rappel de cette ordonnance signale au centre de la façade l'entrée du monument et les larges vestibules intérieurs soutenus par des ordres de pilastres vigoureux.

C'est que le grand maître que nous avons perdu avait un attachement et un respect profonds pour l'ordre. L'ordre résumait pour lui tous les termes de cette langue admirable de la forme : l'architecture.

« Sans l'ordre, que pouvaient être nos monuments? » disait-il. « N'était-ce pas
» l'ordre qui, par ses proportions réglées sur celles de l'homme, devenait l'unité et la
» mesure des édifices?

» Aussi, l'ordre supprimé, quelle confusion se produisait à l'instant ! Les propor-
» tions les plus étranges, tantôt raccourcies, écrasées, tantôt d'une élévation sans limite,
» venaient former un ensemble incohérent qui pouvait un instant étonner et éblouir
» les yeux, mais jamais les charmer. »

Aussi M. Duc pensait-il que sans l'emploi de l'ordre on ne pouvait faire que de la construction et non de l'architecture. Il rappelait que, « au moyen âge même, les ordres
» étaient incorporés aux piliers, d'abord sur leurs faces principales, puis sur les angles
» et aux points qui indiquaient un effort de portée. C'était la condition de beauté de
» ces monuments, malgré les sacrifices de toutes proportions dans les ordres. Sans
» ces derniers vestiges d'essence poétique il ne pouvait rester que des masses de matière
» inerte. »

M. Duc ajoutait que « la fiction devait occuper la première place dans l'architec-
» ture, et qu'elle en était l'essence. Le temple grec n'était-il pas une légende de pierre?
» Tous les membres qui le composaient étaient autant d'objets naturels qui, par leur
» transmutation en pierre, non par imitation, mais bien par traduction, devenaient
» autant de fictions ou de mensonges. C'est de cette opération mystérieuse de création
» entre la nature et le cœur de l'homme que l'art était né. C'est cette incorporation de
» la nature avec la matière, œuvre presque divine, qui était tout le dogme de l'archi-
» tecture ; le reste appartenait à la terre, le reste n'était que de la construction. »

Après cet exposé des principes du maître, nous ne devons pas nous étonner, Messieurs, de voir l'ordre tenir la première et la plus grande place dans toutes les compositions de Louis Duc. Nous voyons son rôle déjà prépondérant dans les bâtiments de la police correctionnelle ; de même nous le verrons servir de base fondamentale dans les constructions du nouveau Palais de Justice, comme dans celles de la Cour de cassation.

C'est assurément de l'emploi de ces ordres mis en valeur par un renouvellement d'invention et un charme du détail rares, que toutes les créations du maître se présentent si solides d'aspect, en même temps que si séduisantes par un grand air d'élégante noblesse.

Je n'insisterai pas davantage, Messieurs, sur les mérites particuliers du bâtiment de la police correctionnelle : l'art y est simple, robuste, dégagé de recherche excessive, et surtout homogène. Vous connaissez d'ailleurs les quatre salles sobres et sévères, si bien aménagées, qu'il abrite. Dès le début s'affirme le besoin du nouvel architecte du Palais de Justice, de tout prévoir et de tout ordonner.

Aussi tous les détails du mobilier et du service y sont-ils déjà étudiés avec une attention soutenue et réalisés avec une verve d'imagination qui, dans une longue suite de travaux du même genre, ne devront jamais se démentir.

Puis vinrent les travaux de la galerie publique sur la cour du Mai, le long de la Sainte-Chapelle, et la reconstruction du pignon de la salle des Pas-Perdus, superbement ajouré. L'architecte moderne ne semble plus être là que le continuateur de l'œuvre de Salomon de Brosse, tant cette large façade est bien l'expression de la grande salle et se rattache à elle intimement. Complétant d'ailleurs la décoration de cette salle par les belles portes et l'escalier à double rampe des six chambres civiles, M. Duc construit pour ce tribunal un nouvel ensemble de bâtiments, qui montrent les transformations faciles de son talent.

Il s'agit en effet d'installer ces six chambres et les greffes, partie sur la Seine, partie sur la salle des Pas-Perdus. D'un côté on construit en raccord avec la grande salle, d'un autre côté on édifie difficilement sur les parties anciennes et en très mauvais état du vieux palais, appelées cuisines de saint Louis. La façade sur la Seine et celle en retour sur la rue de la Barillerie seront donc une reproduction habile du style ogival et serviront à relier ensemble la tour de l'Horloge avec la tour de César et la tour d'Argent, et la tour extrême dite Bon-Bec.

Au centre de ces constructions une cour vitrée, en forme d'atrium, les mettra en communication avec la grande salle et assurera leur dégagement facile. Cet atrium est non seulement une conception excellente du plan, il en est encore le charme. Ennobli par deux ordres dorique et ionique superposés, coupé dans sa hauteur par un pont qui relie les deux vestibules du premier étage, il offre de bas ou de haut des effets perspectifs séduisants. Car si le maître du XIXe siècle est sans cesse tourmenté de logique et de vérité, l'artiste ne dépouille pas les qualités primesautières qui sont le génie de sa race. Il a besoin de vie et de mouvement dans son architecture, les effets perspectifs et pittoresques le tenteront toujours et, recherchés par lui dans toutes ses compositions, ils en renouvelleront les aspects.

Louis Duc ne se fit pas moins remarquer dans des travaux d'une tout autre nature, quand il fallut approprier l'ancienne Conciergerie au régime cellulaire. Il témoigna là de son entente parfaite de tous les besoins, et la visite de ces tristes galeries n'est certes pas la moins intéressante que l'on peut faire au Palais.

Mais j'ai hâte, Messieurs, de vous conduire là où le génie de l'artiste s'est révélé dans sa plénitude, avec l'autorité du maître confiant dans son art.

A la fin de 1857, on commençait les substructions des nouvelles salles d'assises et du grand vestibule qui les précède, sur les terrains acquis par la ville pour augmenter le périmètre ouest du Palais.

Quel magnifique programme s'offrait à l'architecte ! Ce n'était plus seulement une dépendance quelconque du Palais de Justice, quelque chambre destinée aux débats des plus misérables intérêts, qu'il devait édifier. C'était en quelque sorte le Palais de Justice tout entier qu'il fallait caractériser par son expression la plus haute et la plus absolue. Derrière ces murailles se déroulerait le drame humain dans toute sa puissance et son horreur; à l'abri de cette enceinte, la justice des hommes devait juger et frapper dans la certitude de sa force, dans la majesté de sa conscience.

On conçoit que l'artiste pût être tourmenté par la grandeur de l'idée qu'il devait imposer à l'esprit par les yeux.

A voir cette grande façade d'un parti si simple, on pourrait la croire conçue tout entière d'un seul jet. Il n'en est rien.

En architecture surtout, l'artiste procède du composé au simple. Aussi que d'études, que de projets différents pour cette partie du Palais ! Il y en a de toutes sortes. Une façade ogivale semble même vouloir prolonger les constructions du même style élevées sur le quai de l'Horloge, tandis qu'une autre, d'une architecture Renaissance accentuée, paraît reprendre les traditions du palais du côté de l'arc dit de Nazareth, à cette époque encore existant.

Mais Louis Duc voulait élever un temple à la Justice. Aussi toutes ces façades, malgré l'habileté des arrangements, en raison même de l'ingéniosité des compositions, lui semblaient indignes du sujet.

Une petite reproduction du temple égyptien de Denderah, trouvée au milieu de ses croquis, semble avoir fixé les idées du maître. Il voulait en effet que son œuvre symbolisât la Justice dans ce qu'elle a de supérieur et d'immuable. Son architecture s'affranchissant des styles dérivés, comme aussi du milieu et du temps, devait donc s'inspirer d'une architecture primordiale, hiératique, éternelle comme un type.

Toutefois, si la nouvelle façade du Palais procède dans ses lignes générales de l'art égyptien, le détail emprunte la pureté de ses formes aux plus belles époques de l'art antique. M. Duc s'assimile les précieux débris découverts en Grèce et en Asie Mineure, particulièrement à Stratonicée, dont il restitue le puissant chapiteau dans le grand ordre de la façade. De tous ces éléments, revivifiés avec un art incomparable, il constitue une œuvre d'une majesté sévère, très expressive et bien personnelle.

Mais franchissons, Messieurs, les portes de bronze qui défendent l'entrée du temple. La nouvelle salle des Pas-Perdus, si bien écrite sur la façade, nous surprendra par des dispositions grandioses autant qu'imprévues. Poursuivant toujours la réalisation d'une architecture vraie, qui ne sacrifie rien cependant de la beauté et de la poésie des formes, Louis Duc s'efforce d'associer l'arc, expression de la construction, à l'ordre, expression poétique du sentiment.

En 1856, une année avant le commencement des travaux dont nous parlons, M. Duc communiquait à l'un de ses anciens camarades de Rome les réflexions suivantes :

« Mon estime et mon admiration pour l'arc ne sont pas moins vives que pour l'ordre,
» elles sont seulement d'une nature toute différente.

» D'abord je pose en principe que l'un ne doit pas prendre la place de l'autre :
» l'ordre appartient à la poésie, il est lyrique, parle noblement, déclame et chante.

» L'arc appartient à la prose, il est positif, travaille, sert et porte.

» L'ordre est noble, il est maître et commande ; l'arc est plébéien, serviteur et
» obéit.

» L'arc n'est rien par lui-même comme terme d'art, il ne compte que par un
» nouvel élément qui lui est étranger et superposé, l'ornementation...

» L'arc seul est impuissant à constituer une architecture, l'arc n'est qu'un moyen
» de construction.

» Le plus bel arc de forme est pour moi le plus grand, celui qui soutient la plus
» grande charge ou franchit le plus grand espace.

» Dans l'ordre au contraire, qui, suivant la loi antique, procède d'une idée inverse,
» c'est celui d'un style serré qui est le plus noble.

» Nous voyons qu'il ne peut y avoir de parité entre ces deux systèmes :

» Le premier est simple et primitif ;

» Le second, composé et puîné, n'a été imaginé que par une pensée d'économie de
» travail, ou par la nécessité de recourir à une combinaison de construction.

» Par cette raison seule, l'emploi de l'arc comprend toujours en soi une idée de
» nécessité qui le rend secondaire et inférieur pour le style de la forme. Voyez les efforts
» des Romains pour donner à l'arc droit de noblesse par son mariage avec l'ordre ! Dans
» toute leur architecture, la poésie de l'ordre vient s'allier à la nécessité matérielle de
» l'arc...

» Si nous recherchons l'esprit des anciens dans leur emploi de l'arc, nous voyons
» combien ils ont cherché à le purifier de son origine. Lorsqu'ils veulent ériger un
» monument honorifique, un arc de triomphe, nous voyons l'arc entièrement enveloppé
» d'une parure poétique. Dans les salles de thermes, la puissance de construction des
» arcs ne leur a pas paru suffisante pour prendre rang parmi les créations de l'art. Les
» voûtes retombent sur des ordres gigantesques *avec entablement*. Dans les parties infé-
» rieures de l'édifice et jusque dans le revêtement des murs apparaissent des ordres

» d'une échelle inférieure que je comparerais à un accompagnement harmonieux qui
» soutient une puissante mélodie.

» Si on admettait l'équivalence de l'ordre et de l'arc, et non la suprématie du
» premier sur le second, la raison d'utilité se présentant à chaque instant, l'empire d'a-
» bord partagé passerait exclusivement à l'arc pour faire oublier la loi artistique de
» l'ordre. »

Nous savons ainsi, Messieurs, par ces quelques extraits d'une précieuse correspondance, quelles idées dominaient le grand maître lors de la conception du nouveau vestibule des Cours d'assises. Conséquent avec ces principes, nous le voyons couvrir sa salle d'une voûte magnifique par ses dimensions et par l'effort de suspension dans l'espace qu'elle accuse.

Composée d'arcs doubleaux, pleins cintres, reliés, parallèlement à l'axe longitudinal de la salle, par d'autres arcs qui reçoivent, conjointement avec les premiers, les retombées des voûtes cylindriques et celles des calottes sphériques formant milieu de chacune des travées, cette voûte toute nue ne semble prétendre qu'à son rôle de construction ou d'abri. Elle repose sur une ordonnance de grands pilastres avec riche entablement correspondant aux colonnes de la façade.

Par un artifice de décoration ingénieux, les couronnements ou chapiteaux de ces grands pilastres, formant en même temps retombées des arcs doubleaux, servent à relier l'ordonnance architecturale inférieure avec le système de construction supérieur.

M. Duc réserve ainsi la noblesse et l'éloquence d'un ordre ionique pour la porte majestueuse qui sert de point de départ aux deux escaliers divergents qui conduisent aux salles d'assises, tandis que, par un ordre intermédiaire en contre-bas des grands pilastres, il donne à cette vaste salle une élévation apparente encore plus considérable.

Nous ne pouvons, Messieurs, qu'admirer l'œuvre de Louis Duc à laquelle un autre maître, dont les doctrines sont bien connues, a rendu hommage en ces termes dans l'un de ses *Entretiens* (1) :

« La décoration tient à la structure, l'appuie même, et ne manque par cela ni de gran-
» deur, ni d'originalité. La salle des Pas-Perdus, extérieurement et intérieurement, est
» un de ces monuments qui feront honneur à notre temps. Là, tout se tient, tout est lié
» par une pensée claire. L'exécution, comme il arrive toujours, répond à la composition.
» Elle est belle et pure. On sent l'artiste, chose rare dans notre temps, qui respecte son
» art et le public. »

(1) Viollet Le Duc, *Entretiens sur l'architecture*, t. II, p. 209

Nommé officier de la Légion d'honneur en 1862, M. Duc se trouvait, par tant de beaux travaux, désigné en 1866 pour occuper le fauteuil laissé vacant à l'Institut par la mort de M. de Gisors.

Cependant M. Dommey, le collaborateur constant de M. Duc pendant plus de vingt-cinq ans, venait de se retirer, alors que les ravalements de la grande façade et du vestibule se terminaient. Quelque temps après, notre honoré confrère et ami M. Daumet le remplaçait auprès de M. Duc, en qualité d'architecte ordinaire du Palais de Justice.

C'est alors que furent commencés les aménagements et les décorations des deux nouvelles salles d'assises.

Les escaliers d'accès, entièrement ouverts sur la grande salle ainsi que les vestibules supérieurs, laissent apercevoir dans une heureuse perspective, au travers d'arcades supportées par des colonnes monolithes, les portes des assises couronnées de frontons et de figures allégoriques.

Ces deux nouvelles salles d'assises furent dévastées par l'incendie en 1871, peu de temps après leur achèvement. Une seule de ces salles est aujourd'hui relevée de ses ruines. Elle nous apparaît d'une richesse sobre et imposante, d'une tonalité sombre et juste. C'est le cadre vrai des drames solennels.

Je voudrais, Messieurs, m'appesantir sur les détails ; mais en vérité je n'ose.

Il me faudrait de plus longues pages pour en apprécier la perfection dans l'étude et dans l'exécution.

C'est que nous n'avons encore visité qu'une partie de l'œuvre immense de M. Duc. A côté du Palais de Justice, il y a la Cour de cassation.

Nommé en 1862 architecte de la Cour de cassation en remplacement de M. Lenormand décédé, M. Duc reprit les projets de son prédécesseur pour en faire le bel ensemble que vous connaissez.

Les travaux furent entrepris d'abord en façade sur la place Dauphine, puis en retour sur le quai, avec pavillon milieu accentuant l'escalier d'honneur de la Cour de cassation. Les façades en aile du pavillon central se raccordent avec le grand portique du vestibule des assises, par une classique ordonnance corinthienne d'une allure mesurée.

Il semble que M. Duc, respectant le caractère autre du monument qu'il étudiait, ait voulu ici se départir quelque peu des apparences impassibles du bâtiment des nouvelles assises.

La Cour de cassation, chargée de réviser, de modérer ou de rejeter les arrêts des autres Cours, ne devait-elle pas revêtir des formes moins sévères, d'un style plus tempéré et permettant quelque espérance à ceux qui en franchissent le seuil ? En voyant au pavillon central se dresser cet ordre d'un pur style corinthien, surmonté de figures au geste calme et sage, couronné d'un fronton qui enveloppe dans ses courbes harmonieuses des symboles de protection et de réparation, je songe à deux vers de l'un de nos jeunes et chers poètes contemporains, qui me semblent bien caractériser ici l'œuvre et le maître :

> L'architecte. . . . .
> . . . .
> Imposant l'ordre aux blocs savamment suspendus,
> Prête un sourire auguste à la froideur des pierres.
> (SULLY PRUDHOMME.)

Mais il faudrait monter ce majestueux escalier qui, derrière cette façade, développe ses révolutions habilement appareillées, et dont les moindres dispositions ont pour but de ménager les forces des vénérables magistrats qui doivent le gravir.

Au sommet, nous serions dans une longue galerie qui assure le dégagement des trois chambres et des différents services de la Cour de cassation. Nous pourrions de cette galerie pénétrer dans celle de Saint-Louis et y saluer en passant la statue si simple du bon roi, un chef-d'œuvre de notre grand maître sculpteur, M. Eugène Guillaume. Cette galerie, souillée par la Révolution, restaurée par M. de Gisors en 1833, démolie en 1868, est une des dernières œuvres de M. Duc. Obligé par un programme nouveau de renoncer à certaines dispositions anciennes, nous voyons l'architecte s'inspirer de l'art aux temps passés pour produire cependant une œuvre personnelle que rehausse l'attrait d'une décoration peinte intéressante.

La chambre criminelle, ajourée sur la galerie de Saint-Louis, date aussi de ces derniers temps. Elle est de caractère somptueux; une juridiction supérieure y siège. Les riches ornements du plafond, les emblèmes répétés, les cartouches et les cuirs enroulés et enlacés s'y détachent tout en or sur un fond bleu sombre. Ce plafond est certainement inspiré par les plafonds, si étonnants et si flamboyants, du vieux palais ducal à Venise. Mais cette décoration, d'un caractère quelquefois excessif, est ici assagie par l'étude et soumise aux lois d'un art sûr de lui.

Nous pourrions visiter aussi la chambre des requêtes et son beau vestibule qui ouvre sur la galerie des prisonniers, galerie continuée par M. Duc sur le plan bien conçu de Huyot.

Ce qu'il faudrait surtout admirer, c'est la beauté toujours variée de ces nombreuses portes intérieures qui, de côté et d'autre, enrichissent l'œuvre de M. Duc. Il y a employé, avec une convenance rare et un art consommé, toutes les ressources de l'ornementation. La grande porte de l'escalier des nouvelles assises, les portes de ces salles, celles des extrémités du grand vestibule, la porte de la chambre civile de la Cour de cassation, — grande salle dont l'achèvement reste confié au talent éprouvé de notre confrère M. Coquart, successeur de M. Duc à la Cour de cassation, — les portes de la chambre des requêtes et de la chambre criminelle, toutes ces portes sont de véritables monuments d'un caractère toujours raisonné et par suite différent. Il en est encore de même de toutes les portes qui dans les salles, dans les galeries, dans les différents services du Palais, ont un rôle principal et défini. Elles ont toutes leur physionomie propre et leur éloquence.

Il faudrait encore visiter les salles réservées aux magistrats et leurs dépendances, pénétrer dans les cours intérieures, parcourir ce vaste rez-de-chaussée du Palais et de la Cour de cassation, si ingénieusement, si pratiquement subdivisé pour les différents dépôts de la police.

Mais, si bien qu'on ne puisse trop parler de l'œuvre d'un tel maître et trop l'étudier, il faut aujourd'hui me hâter; d'autant qu'il nous reste encore à visiter la grand'chambre, celle dont Louis Duc faisait revivre la splendeur passée, alors que la mort est venue le surprendre. Toujours actif, toujours laborieux comme au premier jour où, trente-huit ans auparavant, il prenait possession du Palais, M. Duc pressait ces travaux, sans doute averti par de secrets pressentiments. Nous verrons donc bientôt l'architecture de Louis XII restituée dans sa richesse, y compris une imitation de l'ancien plafond à nervures plein cintre, aujourd'hui quelque peu surbaissées, et culs-de-lampe en pendentifs du menuisier du Hausy. Cette ancienne chambre de saint Louis nous apparaîtra comme au temps de sa première restauration sous la direction de l'architecte moine Fra Giovanni Giocondo, ramené par Louis XII d'Italie. Elle avait été dorée (dit la chronique du temps) d'or aussi fin que celui des ducats de Hollande, avec une telle magnificence qu'on ne l'appela plus que la chambre dorée. Nous verrons, dans cette ancienne salle restaurée, la Justice siéger au milieu des sirènes, des amours, des centaures peints sur les retombées du plafond. Les dauphins y alterneront avec les écussons fleurdelisés et les porcs-épics couronnés, l'épée et la balance de la Justice n'apparaissant qu'incidemment, comme égarées au milieu des images les plus mythologiques.

Il appartiendra au collaborateur dévoué et assidu de M. Duc depuis plus de dix ans d'ouvrir les portes de la grand'chambre restaurée, comme il aura l'honneur de continuer l'œuvre successive de tant de générations en agrandissant le Palais du côté du sud. Les nouveaux bâtiments de la préfecture de police, sur le quai des Orfèvres, seront transformés et réunis au Palais et, sur l'emplacement de l'ancienne Cour des Comptes, notre honoré confrère M. Daumet élèvera la première chambre d'appel. Par ses soins une grande façade s'élèvera sur la cour de la Sainte-Chapelle, formant retour d'équerre avec les bâtiments de la police correctionnelle et dégageant par un recul bien ménagé le chef-d'œuvre de Pierre de Montereau. Si ces projets, aujourd'hui décidés en principe, se réalisent, comme il faut le croire, nous espérons que le périmètre du Palais ainsi déterminé par quatre grandes lignes, le boulevard du Palais, le quai de l'Horloge, la rue de Harlay et le quai des Orfèvres, sera complètement régularisé par la construction, en bordure sur le quai des Orfèvres, de bâtiments nouveaux, destinés à agrandir les services de la police correctionnelle, dès aujourd'hui à l'étroit. L'îlot de constructions situé au coin du boulevard du Palais et du quai des Orfèvres disparaissant, l'ordonnance du bâtiment de la police correctionnelle apparaîtra dans toute sa beauté.

Nous souhaiterions encore que le projet d'ensemble de Louis Duc, du côté de la place Dauphine, se réalisât par la disparition des vieilles maisons du quai de l'Horloge et du quai des Orfèvres, et que, sur leur emplacement, fussent élevés les constructions et les portiques qui, dans l'idée du maître, devaient accompagner et faire valoir les grandes masses de la nouvelle façade des assises. Nul doute que son grand perron qui, vu obliquement, absorbe quelque peu la base du monument, n'apparaisse alors dans des conditions plus favorables et réalisant bien les aspects désirés et prévus par le maître.

M. Duc fut cruellement frappé dans son œuvre quand, en 1871, de sinistres incendies ravagèrent certaines parties de ses travaux du Palais et de la Cour de cassation. Il fallut au maître une grande force de caractère pour ne pas être, en quelque sorte, écrasé sous le poids de ces désastres, et pour réédifier sur ces ruines avec une énergie nouvelle, avec une foi toujours vive.

Tirant parti de ce renouvellement d'efforts, il s'appliquait à compléter son œuvre, l'épurant en quelque sorte à nouveau, recherchant sans cesse la perfection. L'ancienne salle des Pas-Perdus de Salomon de Brosse est alors sortie de ses décombres, plus majestueuse que jamais. Ses voûtes puissantes reconstruites en pierre et briques, subdivisées par de larges compartiments bien dessinés, prennent de l'échelle et mesurent les dimensions énormes des vaisseaux. Les belles portes, les larges bancs de pierre, les lampadaires de bronze, et surtout le noble monument élevé à la mémoire de Berryer, et sculpté par M. H. Chapu, donnent à cette salle sans rivale un aspect et un intérêt tout nouveaux. En même temps, M. Duc restaurait la riche grille de la cour du Mai, forgée sur les dessins d'Antoine, et rendait à la porte Centrale son beau couronnement.

Nous n'aurons pas tout dit du Palais de Justice, si nous ne rappelons pas que le grand prix de 100 000 francs, institué, par Napoléon III, pour récompenser dignement tous les cinq ans l'auteur d'une grande œuvre de peinture, de sculpture ou d'architecture, fut décerné en 1869, par le suffrage de ses collègues de l'Institut, à l'architecte de ce magnifique ensemble de monuments. Louis Duc s'empressa, de la façon la plus désintéressée, de consacrer la majeure partie de cette somme à la fondation d'un prix biennal « pour l'encouragement des hautes études d'architecture ».

D'ailleurs les travaux du Palais de Justice et de la Cour de cassation, enrichis par les œuvres décoratives des peintres et des sculpteurs les plus éminents, n'excitèrent pas seulement chez nous un sentiment unanime d'admiration.

Le Conseil de l'Institut royal des architectes britanniques désigna, en 1875, Louis Joseph Duc « pour la distinction qu'il plaît à la Reine d'accorder annuellement à la personne qui a le plus contribué, par un travail d'art ou de littérature, au progrès général de l'architecture ».

Le rapport du Conseil ajoutait :

« Le grand ouvrage du jour, une surprise pour les hommes expérimentés et une leçon pour les jeunes élèves, c'est la nouvelle salle des Pas-Perdus, et les bâtiments qui la rejoignent au Palais de Justice.

« — Lord Bacon a dit : « Si un homme exécute ce qui n'a pas été tenté avant lui, ou
» tenté puis abandonné, ou terminé sans succès, il méritera plus d'honneur qu'en exécu-
» tant une chose de grande difficulté dans laquelle il ne fait que suivre un devancier ! »
C'est ainsi que M. Duc s'est rendu digne de l'honneur qui va lui être accordé. »

Le rapport de l'Institut royal des architectes britanniques appréciait bien ainsi la valeur particulière de l'artiste auquel il décernait la médaille de la Reine, cette haute distinction, rarement attribuée à des architectes étrangers et cependant déjà méritée et obtenue par quelques-uns de nos maîtres français, entre autres par notre vénérable et honoré président, M. Lesueur.

Désormais placé au premier rang des artistes contemporains, M. Duc vit tous les honneurs, toutes les distinctions venir à lui. En 1872, il était nommé commandeur de la Légion d'honneur.

Les Sociétés et les Académies étrangères, l'Institut des architectes anglais, celui des architectes américains, l'Académie royale de Vienne, le nommaient à l'envi membre correspondant honoraire.

On faisait de tous côtés appel à son talent, à ses connaissances multiples, à son goût épuré, à la sûreté de son jugement.

Il fut inspecteur général des bâtiments civils et inspecteur général des travaux de la ville de Paris ;

Il était membre du Conseil supérieur des beaux-arts au Ministère de l'instruction publique et des cultes ;

Vice-président de la Commission des beaux-arts et du Conseil d'architecture de la ville de Paris ;

Membre des Commissions de perfectionnement des manufactures de Sèvres et des Gobelins.

Son nom était toujours des premiers sur les listes des jurys élus.

Tant de travaux divers, tant d'occupations multiples absorbaient tout son temps.

Aussi, en dehors du Palais de Justice et de la Cour de cassation, ses travaux d'architecte sont-ils peu nombreux.

Il construisit le grand collège de Vanves, il éleva la petite façade si bien académique et universitaire du lycée Condorcet sur la rue du Havre.

Les tombeaux du sculpteur Cahieux et de son ami Félix Duban, au cimetière du Mont-Parnasse, sont des chefs-d'œuvre connus de tous les artistes.

Sensible à toutes les manifestations du beau, dilettante dans la généralité du terme, il était particulièrement passionné pour la musique. De même, goûtant en délicat les raffinements confortables et les élégances de la vie moderne, il s'était construit à Croissy, sur les bords de la Seine, une petite villa d'une coquetterie imprévue et fantaisiste, aménagée intérieurement de façon exquise.

Il laisse inachevée une villa beaucoup plus considérable qu'il construisait au bord de la mer, à Biarritz. Il y avait introduit des dispositions bien en accord avec le climat et le pays, dispositions qui attestent une fois de plus les facultés variées et inventives de son esprit.

Les ressources de son imagination, les aspirations élevées de sa pensée, l'avaient désigné dès longtemps pour concourir à l'organisation et pour maintenir le prestige de ces grandes cérémonies publiques dans lesquelles l'improvisation haute et hardie a le principal rôle. C'est ainsi qu'en 1834 il était chargé de diriger les funérailles des victimes de Fieschi; qu'en 1840, il était chargé de la fête d'inauguration du monument de Juillet, et qu'en 1848, avec son collègue Henri Labrouste, il ordonnait les funérailles solennelles des victimes de Février.

Puisque je parle de collaboration, je ne dois pas oublier qu'il fut chargé en 1841, avec Félix Duban, des travaux d'appropriation du Ministère des travaux publics, et que les trois amis, Duc, Duban et Vaudoyer, respectueux des liens étroits qui les unissaient depuis la villa Médicis, se plurent à décorer ensemble, d'une façon aimable et charmante, l'intérieur d'un petit hôtel (situé rue de Courcelles) appartenant à la veuve d'un confrère très regretté, M. Paul Lelong.

Bien que M. Duc n'ait pas tenu atelier et qu'il n'ait pas eu d'élèves directs, l'influence de son œuvre a été si considérable qu'on peut dire le nombre de ses disciples infini. Il aimait cependant la jeunesse, il la recherchait même. Il se plaisait avec elle à s'épancher, à laisser voir ses enthousiasmes, à parler de son art avec un amour toujours aussi jeune. Ceux qui ont eu l'honneur et le bonheur de pouvoir jouir de son intimité bienveillante, se souviendront des enseignements élevés qui se dégageaient de sa parole convaincue et persuasive.

Il disait que « l'architecture, ce revêtement de la matière par la forme, était certai-
» nement l'acte le plus immatériel, le plus poétique, presque le plus divin que les hommes
» eussent accompli sur la terre. »

« L'architecture était la religion de la forme. Cette croyance avait sa morale et sa
» poésie. »

Ayant foi dans notre architecture moderne, dont il fut un des initiateurs, et dont il
restera un des plus glorieux représentants, il croyait à son unité dans l'avenir :

« L'architecture de notre pays sera *une*, elle sera une langue s'adressant à tous
» et exprimant tout, depuis les sujets les plus élevés qui découlent de la religion,
» de la justice et de la puissance d'un peuple, jusqu'aux objets les plus simples de la
» vie privée.

» Elle sera d'abord fidèle à la loi de la tradition à laquelle aucune architecture ne
» peut se soustraire; elle proclamera pour règle la beauté à laquelle nous sommes
» initiés par l'antiquité; elle sera en même temps l'expression de la raison dont la science
» ne nous permet pas de nous écarter aujourd'hui; et, si notre cœur n'est pas éteint,
» elle trouvera encore des inspirations dans l'infini de la nature et du ciel ! »

Je veux, Messieurs, finir sur ces belles paroles qui résument les aspirations de Louis
Duc, et qui précisent l'idéal qu'il a poursuivi toute sa vie.

Ces paroles du maître seront pour nous la traduction de son œuvre grande et glo-
rieuse, et devront, comme elle, inspirer nos efforts communs et les diriger sûrement vers
le Vrai et vers le Beau.

www.ingramcontent.com/pod-product-compliance
Lightning Source LLC
Chambersburg PA
CBHW060626050426
42451CB00012B/2456